Caroline Nantke wurde 1976 in Düsseldorf geboren. Nach ihrem Studium zur Dipl. Designerin lebte und arbeitete sie noch einige Jahre in der Metropole.

Heute findet man sie, als naturverbundenen Menschen, viel in den Bergen. Sie ist als freie Grafikerin aber auch im Sportbereich tätig.

STURM.
RUHE.
NEU. *Zeit*

Caroline Nantke

Bibliografische Information der Deutschen Nationalbibliothek:
Die Deutsche Nationalbibliothek verzeichnet diese Publikation
in der Deutschen Nationalbibliografie; detailierte bibliografische
Daten sind im Internet über http://dnb.dnb.de abrufbar

© 2016 Caroline Nantke
Herstellung und Verlag
BoD - Books on Demand, Norderstedt
Titelfoto und Portrait: Elena Alger Photography
Layout: glueckskinddesign.de

ISBN: 9783743118041

Die tiefe Ruhe ist die Bewegung in sich selbst.

- Laotse -

tobt. und wütet.
vernichtet. zerstört. verwüstet.
bläst die Dinge hinweg.
mit tosender Kraft.

Ruhe kehrt ein.

nichts ist mehr wie es war.
langsam kann Neues wachsen.

alles ist anders.

ist tief verborgen. und tückisch.
täuschend. verwirrend. beengend.

angespannt. forschen.
einlassen. tiefer.

entfesseln. sprengen.
auflösen. durchatmen.

Freude.

Mut

sich selbst zu begegnen.
wiederzufinden.
neu zu entdecken.

tief im Inneren.

Wände durchbrechen.
Kämpfe ausfechten.

bis Friede einkehrt.
und Licht.

Spiegel

Du machst mir Angst.
nicht Du. ich.

präzise Spiegel im Aussen.
Resonanzen im Innern.

Es schreit. und tobt. in mir.
die Monster schärfen die Krallen.

Was ist es? anschauen!
annehmen. durchlassen.

vorbei der Spuk.
gut so.

für dein Licht.
und deine Schatten.
für Verzweiflung. Angst.
Liebe. Geborgenheit.

Wegweiser.

manchmal beschwerlich.
immer bereichernd.

Danke.

Der Funke

tanzt. erhellt.
öffnet. den Weg.

löst sie auf.
die Wände.
aus Widerstand.

Offenheit. Weite. Klarheit.

neue Dimensionen.
und Möglichkeiten.

Im Alten

liegt Neues verborgen.
noch unentdeckt schlummernd.
erwacht. tastet sich in die Welt.
der Sinne. der Wahrnehmung.

eine neue Welt.
öffnet sich.

Die Stille

tief im See der Stille.
liegt viel verborgen.

eintauchen. gleiten.
der inneren Führung folgen.

da ist er. der Schatz.
leuchtend. klar.

Die Melodie

klingt von innen.

einzigartig. wunderschön.
kristallklar.

zuhören. lauschen.
ankommen.

sein.

Das Herz

Die Feinheit des Herzens.
hören. spüren.

ganz zart. ganz fein.
goldener Klang.

zerbrechlich. kostbar.
einzigartig.

Lichtjahre

Wanderung durch Zeit. und Raum.
unendlich weit. groß. offen. weise.

wie das Herz.
es liebt. erinnert.
entsteht. immer wieder neu.
mit altem Wissen.

weise. verläßlich.
ohne Zeit. und Raum.
immer da.

Reise

die wundersame Reise.
beginnt im Herzen.

tief im Innern. ein neuer Weg.
wage. immer deutlicher.
sichtbar. fühlbar.

unaufhaltsam voran.
ins Neue. Unbekannte.

Freiheit

sich selbst zu begegnen.
fühlen. verbinden.

kraftvoll. fließend. mutig.

Verbindung wird möglich.
in Freiheit.

Nähe

gefürchtet. doch so ersehnt.
schmaler Grat.
Angst. Zweifel.

Mut. Vertrauen.
einlassen.

Einssein.

Der Wunsch

ist tiefe Verbundenheit.
in Liebe. und Achtsamkeit.

kraftvoll. zärtlich.
vollkommen. fließend.

Wunsch.
Angst.

verzweifelte Suche.
nach dem Weg.

Überwindung.
von Hindernissen.
durch Hingabe.

loslassen.
ankommen.

Das Universum

ist unergründlich.
von aussen betrachtet.
von innen - ein Teil von mir.
von dir. von allem.

selbstverständlich. immer da.

keine Fragen.
alle Antworten.

Neuland

nie erblickt. nie gespürt.
doch bekannt. nur anders.

neu. entdecken.
andächtig. offen.

bewundern.
staunen.

Die Liebe

ist die größte Kraft.
zart. und fließend.

nimmt sie uns mit. in die Weite.
jenseits von Zeit. und Raum.

sie trägt uns.
über die Schranken der Gedanken.
ins Herz. ins Fühlen.
und Erleben.

gefühlvoll. sinnlich. kraftvoll.

spült sie hinweg die Staudämme
aus Angst. und Zweifel.

frei. fließend. weit. und mächtig.

ins neue, großartige Sein.

Wunder

große Wunder sind leise.
geschehen fast unbemerkt.
öffnen Türen im Herzen.
zum Licht. zur Fülle.

zum Einssein.

Danke

Ich möchte mich von Herzen bei meinen Lehrern bedanken, bei Sri Svami Purna (www.adhyatmik.org), der mich schon fast mein ganzes Leben in tiefer Weisheit und Liebe begleitet und mir immer wieder hilft, den richtigen Weg zu sehen und bei Petra und Martin Boss (www.bosstraining.de), die mir seit vielen Jahren in allen Lebensfragen mit Herz und Wissen tatkräftig zur Seite stehen.

Ganz großer Dank gilt natürlich auch meiner Familie, meinen Freunden und Weggefährten.

Danke, dass ihr da seid.